El lento hacer

DIEGO L. GARCÍA

El lento hacer
Ensayos sobre imagen y escritura

Edición: Pablo de Cuba Soria
© Logotipo de la editorial: Umberto Peña
© Ilustración de cubierta: James Lee (en *Unsplash*)

© Diego L. García, 2023
Sobre la presente edición: © Casa Vacía, 2023

www.editorialcasavacia.com

casavacia16@gmail.com

Richmond, Virginia

Impreso en USA

ISBN: 978-1-961722-12-5

el lento hacerse otra vez del mundo en la luz;
un lento hacerse, otra vez, y el mundo, y la luz.

DANIEL FREIDEMBERG

ÚLTIMA OPORTUNIDAD

Una foto de Garry Winogrand en la que un tipo habla por teléfono en una cabina, ubicada en lo que parece ser el hall de un edificio. Tiene su mano apoyada en el vidrio, el cable cruzado como una banda presidencial y una sonrisa nerviosa que cuenta toda una historia. En el fondo del hall hay espejos que parecen reflejar un vacío aséptico de árboles enanos en una especie de efecto Droste. Mientras el sujeto (en apariencia calvo, con un sombrerito negro) se sostiene contra el frente de la escena, su vida es absorbida por una fuerza que lo quiere meter en el reino de las sombras. Trata de convencer a alguien al otro lado de la línea; pide, tal vez, una última oportunidad.

Si escribiéramos el poema del frente, entraríamos en sus argumentos y voces a punto de quebrarse. Si, en cambio, tomáramos el fondo para habilitar luego una sospecha del frente (ese tipo es inevitable) seríamos cómplices del proceso de centrifugado que los espejos y luces realizan en la lente de Winogrand. De ambas formas la conversación que hace pender de un hilo toda una existencia sería el eje. El asunto es desde dónde tiramos la red de pesca y qué matices elegimos no perder al levantarla.

Siluetas

Una figura en una tormenta de nieve y un dedo sobre el lente de la cámara. Saul Leiter es el maestro de lo incompleto. El ruido en sus trabajos es un aporte fundamental al mensaje. La fuerza de la tormenta corroe los bordes, mueve las figuras casi en una huida (vuelven de sus trabajos, de la calle hostil). En el costado izquierdo, letras en una ventana o ventanilla (¿es un café? ¿Un colectivo?). Esas escrituras a medias son uno de los ingredientes secretos de Leiter. El mundo casual dice, siempre dice. Nuestra sociedad (la occidental) no para de hablar. Mientras los sujetos sufren y el clima desborda de sus parámetros, la maquinaria de los discursos sigue allí firme, inconmovible. Aunque la ciencia logre robots que aprendan sensibilidades humanas, siempre estará la vieja y querida publicidad en la primera línea de combate...

Hay muchas historias en esa fotografía. El tipo en primer plano que parece regresar de un día laboral por el contorno de su ropa y figura. Mira a su costado, no existe la cámara. No llega a ser una persona bajo el temporal. No es más que una fuerza de lo humano, de su resistencia, en medio del blanco que amenaza con llevarse todo. La nieve es una idea de final. Y las acciones de lo cotidiano son en ese marco otro ridículo movimiento en la colonia de hormigas.

Pero ese dedo sobre el lente... ¿Un Dios fuera de foco y un poco confundido en eso de la "estética"? ¿Qué sabrá Dios del arte de la fotografía? Algo que antecede a toda historia, que puede irrumpir y destrozar cualquier argumento, cualquier verosímil. ¿La guerra, el dolor, la locura, no son acaso otras formas de ese "Algo"?

Banal y aburrido

El color saturado de Martin Parr nos interroga sobre nuestra relación *plástica* con la belleza. Objetos vinílicos cuasi juguetes que los humanos lucimos en las playas. Justamente eso, lo humano aparece como una categoría a comprender con ternura y al mismo tiempo con asombro. Las fotografías de Parr trabajan con la mirada sobre lo humano, que en profundidad vendría a ser una cosa diferente a las preguntas platónicas y sus salpicaduras posteriores.

Estamos en una playa de New Brighton. Es el año 1984 y todavía el mundo conserva un desorden natural a su favor. Hay mucha basura, gente sin remera, madres estresadas tomando sol, amontonamiento de clientes en la heladería. El pistacho resalta contra el color bronceado de los turistas, mientras la chica que vende parece estar lista para grabar un videoclip de The Cure. Su cara es la del trabajo de verano, la de una juventud desperdiciada entre conos de helado.

El aburrimiento es otro tema que Parr ha desarrollado. Sus series Boring Couples y Boring Photographs así lo demuestran. ¿Puede el arte ser aburrido? Desde la mirada consumidora y alienada el aburrimiento es un cortocircuito en lo que debería brindarle el sistema las veinticuatro horas: entretenimiento. Pero lo que hace Parr es poner al arte en esa interferencia.

Convertir a la foto en un espejo de nuestra incomodidad. Lo aburrido (como dijo un periodista en 1976 sobre la primera exposición de William Eggleston, "perfectamente banal y aburrido") es este mundo de cosas que hemos creado y que aprendemos a habitar entre poses y discursos de pistacho.

Un pie lleno de arena en primer plano. Un tipo friéndose bajo el sol con una toalla amarilla brillante detrás de su cabeza. Así es este cosmos en la mirada que no reproduce la folletería del lugar.

El arte de la falta

Cada tanto, como si un extraño ciclo lo requiriera, vuelvo al poema "La explicación parcial" de Charles Simic. Me parece uno de esos textos perfectos, hondo hasta límites en que no puedo llegar del todo. Un sujeto en una fonda esperando su orden, con un vaso de agua, la nieve cayendo afuera, y un deseo particular: escuchar la conversación de los cocineros. Como si necesitara alimentarse de algo más, de palabras de otros; ser reconocido, ser parte de un intercambio. No dice hablar con ellos, sino escuchar. Servirse sin tener que preparar el plato. Sin explicar aquello que no está diciendo (quién es, qué hace de su vida), y que por no decirlo se constituye en una cámara, en un anhelo.

> Parece que hubiera pasado mucho tiempo / Desde que el camarero tomó mi pedido. / Mugriento, pequeño bar de comidas, / Fuera cae la nieve. // Parece como si hubiera oscurecido / Desde que oí por última vez la puerta de la cocina / Detrás de mí / Desde que vi / Que alguien pasaba por la calle. // Un vaso de agua helada / Me hace compañía / En esta mesa que he elegido / Nada más entrar. // Y un deseo intenso / Increíblemente intenso / De escuchar furtivamente / La conversación / De los cocineros. (Versión de Jonio González).

El título es una de sus potencias: justamente lo parcial hace de este sujeto un interrogante. ¿Y de nosotros? Ni siquiera "esa" conversación supuesta está en el plano. Solo la escena trivial de alguien que entra y se sienta a esperar. ¿Por qué demora tanto su pedido? Si tuviera la boca ocupada, con algo más que ese vaso de agua que poco se diferencia de la nieve exterior, terminaría por asentarse donde está. Por quedarse tranquilo, por rendirse para ser ya una entidad mayor: alguien que está comiendo. Pero la espera lo deja vacío y sin explicaciones de "lo que es". El poema activa un espacio y una atmósfera, la acción está en marcha, ¿será que siempre debe, acaso, faltar algo? Como si fuera un arte de la falta, la perturbación de la lengua que se demora nos ha de servir algunas preguntas para pensar cómo ocurre la poesía.

Desde la resaca

A noto: Diciembre (II). El reflejo en el retrovisor de los meses pasa como autos repetidos, semejantes, que se insertan en la multiplicidad invisible de la masa; como si tuvieran otra oportunidad de escribir sus acciones, se mixturan con el brillo del sol y con la lluvia, un tráfico sin orden aparente, pero sin descanso. Formas del pasaje al otro lado, al claroscuro de las percepciones: "...para entrar al aire / y eso hay, palabras / detrás del aire, / resplandeciente, pasé / entre "Maxim Pijamas" y "Genuine Connection", / a esa selva oscura entré". Es este uno de los libros fundamentales de la literatura argentina del siglo XXI: *En la resaca*, de Daniel Freidemberg. La primera edición corresponde a 2007 (Ed. Paradiso), y en sus textos el autor desarma desde una aparente simplicidad de anotación de agenda algunas de las preguntas esenciales de la poesía en estos tiempos. ¿Qué límite tiene lo real con la palabra vacía de los discursos-objetos? ¿Qué somos en lo que queda, en el entorno que acontece sin control? ¿Cómo decir desde esa frontera? Veamos uno de los poemas que sintetiza estas ideas.

Mayo (II)

Detrás de la ventana, lluvia,
y detrás de la lluvia, música nocturna

                    de bajos eléctricos
como si fuera el fin del mundo.
   Como si fuera el fin de un mundo:
sonidos de una fiesta ajena,
          entre el caer, continuo, del agua,
allá, al fondo de todo, en lo negro.
   Nubes blancuzcas a la mañana en
                              el charco, un papel
como crucificado, también blanco, en el gris, viento,
y algo en el viento, o detrás de él, o en la mente
                              (ruidos al fondo
de la oscuridad, el caer de un agua), y la luz:
el lento hacerse otra vez del mundo en la luz;
un lento hacerse, otra vez, y el mundo, y la luz.

Los sonidos de una fiesta ajena ambientan el lento hacerse del mundo; un charco, un papel, ruidos y
¿nosotros? Una música de bajos eléctricos cruza la escena. Notas graves que no llegan a la superficie, que
casi no están, que se pierden en las ráfagas de lo que
falta. De todos modos, retumban en esa noche, detrás
de la ventana (pienso en las fotos de Leiter). Hay ca-
pas que se suceden y desde cierto enfoque, también se
superponen. ¿El fin de qué mundo? ¿A cuántos finales
hemos asistido?

En la mente la velocidad deja agarrar solo algunas
cosas al paso. El poema es producto de esa pérdida y de
esa ganancia; de las percepciones desde la resaca y de
la inconsistencia de lo que se repite casi adentro, casi
afuera. No todo está claro y eso aporta al poema suce-
sivas instancias; lo nimio puede ser cuerpo de crucifi-
xión en la metáfora para luego confundirse entre los
objetos. Porque las estructuras del poema no dejan en

ningún momento de funcionar, de girar en sus engranajes: "entre el caer, continuo, del agua". Pareciera ser que lo que termina es un estado de cosas, una formación particular que en la lengua ha cristalizado. Eso que se dijo dará lugar posteriormente a variaciones: *En la resaca* ha tenido una edición definitiva en 2022 (por Ed. En Danza), y cada nudo de las secuencias continuó siendo, coherentemente con lo postulado antes, un proceso vivo y cambiante.

Otras voces con menos pliegues harán de lo real tan solo el nombre de las cosas. Irán por la anécdota del sí mismo, por la mímesis de la conversación superviviente. Pero, por otro lado, las radiaciones de este poema de Freidemberg (así como del resto de su obra) seguirán desmenuzando esa experiencia de habitar sentidos, ese aliento poco cotizado que es ni más ni menos que la posibilidad (por qué no, la "libertad") de *ser mundo*, con la insistencia de las notas más graves bajo el último temporal.

Manchas hipersaturadas

La poesía de Fernanda Laguna siempre me pareció desafiante, de un tenor que valoro realmente. Porque no muchos se atreven a moverse con esa libertad por fuera del control parental de la Literatura con mayúscula. El título de su poesía reunida, que editó Mansalva en 2012, es una joya teórica: *Control o no control*. La base de la bifurcación fundamental ante la hoja en blanco, ante eso que emerge en un tiempo pretextual y que pide espacio debiendo negociar con los prejuicios.

Cito un fragmento de un poema hermosamente rebelde:

> También miro Misterios y milagros / y En Síntesis. / Canal 13, / el canal único que se ve / en mi televisión de 13 pulgadas. / No puedo ver escenas en interiores oscuros / porque el televisor está cuatro grados más oscuro / de lo que creo que es normal. / Manchas hipersaturadas, / boludeces que digo, / falta de inspiración. // Un televisor / mi vida, / mis días de no saber qué hacer. / Cuadrado con su antena rota. / Más cosas que decir por el hecho de desear escribir. / Sufro con la telenovela, / la televisión me pone triste. / Veo reflejada mi imagen en la pantalla y / luzco horrible.

Claro que no son boludeces. Y que esas manchas revelan un momento social del país, de los jóvenes que consumen lo que se puede. Con ello, justamente, con lo que se puede se reconstruye, se recicla, una imagen: la de una vida, "mis días de no saber qué hacer". Es fuerte y suficiente el impacto de lo que se quiere presentar. El derecho al deseo de escribir, de sufrir, de esquivar un rato lo hipersaturado se hace tema. El Control diría que una/un poeta debería ponerse a leer a Hölderlin en vez de mirar las telenovelas; pero la escritura está ahí, cerca como no lo están otras cosas (la economía, las drogas, el futuro), para permitir que lo horrible sea parte de un nosotros. Ya no solo de quien desea (lo solo posible en soledad), sino del silencioso espejo comunitario que aguarda al otro lado de la página.

Torre negra

Hay poéticas que subterráneamente van conformando algo más que una serie de libros. Una cosmovisión particular, proyectos que requieren una lectura rizomática capaz de moverse dentro de un sistema de signos tan especial como artesanalmente construido. Tal es el caso de la poesía de Alberto Cisnero (La Matanza, Buenos Aires, 1975), de la que citaré una pequeña muestra para aproximarnos a estas ideas.

El poema "torre negra" de Cisnero se publicó inicialmente en *El límite de la materia* (Ruinas Circulares, 2012) y luego pasó a *La sustancia en infracción* (sección devenida libro) en 2022. Dice así:

> nací (pasé a la distracción armada) / entre ezeiza y el golpe, digresiones / de otros; ya pagué con el horno plancitos / de raíz o de conversos, uno a uno / supe en vida su color sin metáforas; / ¿revolución social, ñeris, banderas? trip; / la margen de un río edicto y policíaco.

La imaginación biográfica de Cisnero junto a su forma de compactar lo dicho encuentran en este texto un exponente perfecto de su proyecto escritural. Los setenta, la masacre de Ezeiza, el golpe militar y las variaciones posteriores del trip democrático hasta el presente se resumen en siete versos. En verdad el procedimiento no es un *resumen*, sino una concentración de fuerzas que se pliegan y despliegan en la lectura. En la poesía de Cisnero el lector debe realizar un esfuerzo, salir de la comodidad que a veces lo anecdótico licúa en un trago artificioso.

Por la margen de todos los ríos el poeta piensa y se corre. Expresa lo policíaco que tantas veces camuflan banderas de cualquier color. El edicto dice lo antipoético. Y contra ello las preguntas, la interpelación a los ñeris que todavía pueden salir de aquella y esta, de una misma, distracción armada.

Me interesa ese lugar de la poesía, esa trinchera siempre opuesta al control. Lo que hace Cisnero en su escritura, a lo largo de su vasta y singular obra, es una forma de intervención en el acontecimiento de los discursos. No se posiciona afuera, en la torre de marfil. Tampoco en una dialéctica visceral sin recursos; como dice en otro de sus poemas: "que yo implique la única sílaba / por la cual sacar el facón". Si va a haber sangre, será por lo dicho.

La deuda desde los márgenes exige una fuerza de choque para emerger a la escritura. La espiral del conurbano puede volverse muy burocrática. Pero desde la torre negra las credenciales no son más que papeles vacíos.

GIRRI AHORA

Entre esos libros olvidados por la crítica que resultan ser verdaderas gemas, uno de mis preferidos es *Notas sobre la experiencia poética* (Losada, 1983) de Alberto Girri. La obra de Girri (Buenos Aires, 1919-1991) fue una de las primeras apuestas en español por proyectar una poética de la traducción, una escritura que excede a la lengua final y que al hacerlo deja, conserva, las huellas de un camino de voces diversas. Algo que posteriormente sería un procedimiento habitual, hasta los años ochenta en la Argentina no lo era. Y mucho tardaría en comprenderse.

En sus *Notas*, profundas, a veces con pinceladas zen, leemos algunas ideas que atraviesan de pleno los interrogantes de quienes escribimos poesía hoy: "Palabras en su adecuado lugar. Ni hacia atrás ni hacia adelante. Son puro presente del poema, eso transmiten. Palabras mal puestas. Miran hacia atrás, adelante, pensando en sí, no en el poema". La idea de que lo que ocurre ahí en el texto poético, en el tejido interior, y por ende en la experiencia de *adentrarse* en esa zona es siempre presente, revela una postura que llega a la médula del asunto. Si solo hay presente (si se logra ello) los préstamos, las referencias, las traducciones, las reescrituras que allí acontecen no restan potencialidad alguna; al contrario, son ya una misma cosa, una materia de la experiencia actualizada (pues no hay sensaciones fuera del aquí y ahora).

Desde el concepto anterior, llegamos a otro: "Que al final haya sido una percepción, el pertinaz deseo de existencia. No estáticos objetos individuales denominados poemas". El presente del texto exige una mirada adecuada: una que no busque los contornos de las ideas, que no espere hallar todas las partes del tapiz, sino una mirada dispuesta a percibir. A quedarse con esos fragmentos de la figura, con el roce de un argumento inabarcable pero dado en un frágil hilo sin nada extraordinario. Cierta sencillez, entendida como lo que se ha despojado de poses y exageraciones, es necesaria para que un entramado de la lengua pueda llevarnos por ese camino. El deseo de existencia, de habitar el territorio de una imagen, de estar allí. Y de estar ahora. Justo cuando sucede *algo*, cuando todo lo que somos se mueve y ese ritmo no se parece a nada.

Borges, imagista

Siempre me atrajo *Fervor de Buenos Aires*, y hoy que se cumplen cien años de su publicación es una buena excusa para pensar algunas cuestiones. El mismo Borges advirtió que en ese libro se prefiguraban sus ideas esenciales, así como también la crítica supo abordarlo con la debida relevancia (véanse, sobre todo, los trabajos de Sebastián Hernaiz).

El grabado de Norah Borges para la primera portada era perfecto. La mirada y la forma de esa mirada sobre el suburbio, en esos trazos cortados de la técnica, con sus sombras sencillas pero profundas, contenía mucho de lo que aquella primera escritura borgeana pretendía. Personalmente considero que en el poema inicial de *Fervor* las imágenes ya se conjugan, con procedimientos análogos a ese grabado, con la potencia plena para desplegarse a lo largo de los años, y con la belleza de un concepto que no necesita ser explicado. Ese poema es el tantas veces citado "Las calles":

> Las calles de Buenos Aires / ya son mi entraña. / No las ávidas calles, / incómodas de turba y ajetreo, / sino las calles desganadas del barrio, / casi invisibles de habituales, / enternecidas de penumbra y de ocaso / y aquellas más afuera / ajenas de árboles piadosos / donde austeras casitas apenas se aventuran, / abrumadas por inmortales distancias, / a perderse en la honda visión

/ de cielo y llanura. / Son para el solitario una prome-
sa / porque millares de almas singulares las pueblan, /
únicas ante Dios y en el tiempo / y sin duda preciosas.
/ Hacia el Oeste, el Norte y el Sur / se han desplegado
–y son también la patria– las calles; / ojalá en los versos
que trazo / estén esas banderas.

Las entrañas, el interior. Una esquina que se funde
hacia lo que deja de verse (en la obra de Norah). Y lo
que va hacia el interior es por definición *simple*, despojado, en contraste con "las ávidas calles". Al sujeto
le interesa apropiarse no solo de un espacio del hábi-
tat, que irradia a su vez una ideología particular, sino
también de un tono, un estilo. Un estilo de escritura
tanto como un estilo de mirar.

Lo casi invisible, lo modesto. Pero también, en ello:
enternecidas. Lo sensible de esta primera hora borgeana no desaparecerá luego, sino que se verá disimula-
do, como la noche disimula algunas expresiones de la
ciudad. El suburbio y sus contornos, donde pervive
algo del campo, algo del espacio fundacional y míti-
co: la imagen (casi podría decir que en toda su obra)
es como la de las antiguas vasijas, siempre represen-
tativa de una edad dorada. Las almas, las imágenes,
lo precioso confluyen en la idea de *patria*. No como
expresión de nacionalismo sino por la necesidad de
fundar la escritura en un territorio enraizado en otras
historias (que se encargará luego de estudiar o imagi-
nar, según la situación).

Sobre el final aparece la cuestión del *trazo*. Los versos como líneas en el grabado. El acto de escritura a
mano que se plasma en una escena para el futuro. Para

las generaciones que no verán lo heroico del presente. El ánfora de esas calles contiene mucho más que el brebaje de un momento; contiene el deseo (el *ojalá* que utiliza tantas veces en su obra) de un lector que confirme la pertenencia de ambos a una idea.

Un mensaje después del tono

En 2020 Mario Arteca publicó un nuevo libro de poemas (que en su prolífico trayecto no es uno más, sino una joya de ese fabuloso engranaje) cuyo título me parece un señuelo implacable para pensar la arquitectura del texto poético: *Deje un mensaje después del tono* (editado por La Comuna).

Hay un poema en particular a modo de instrucciones (ácidamente apuntadas) sobre cómo componer ese mensaje para una línea ocupada que expone el ridículo de ciertas correcciones lingüísticas. La idea del poema como mensaje ya es por demás interesante. Pero se agrega en este caso el contexto de una llamada telefónica, con ese dejo de obsolescencia y de extrañamiento que tiene hablar en un tiempo muerto que se reproducirá después.

> No digas comentarios que contengan / llamados a la violencia, sean difamatorios, / irrespetuosos, insultantes u obscenos. / (...) / no deben ser excesivamente largos, / ajenos al tema de discusión, que impliquen / intentos de suplantación de identidad, / o que contengan material escrito por terceros / sin el consentimiento de éstos...

Nadie está del otro lado o, mejor dicho, nadie ahora. Se produce un limbo, similar al que se abre entre el manuscrito y la obra final. La voz se demora, sale de su sustancia habitual de inmediatez, se entrega al vacío. El tono, émulo de la máquina que mide la actividad cardíaca en las escenas hospitalarias. ¿Es un mensaje para qué después? ¿Para el después de la muerte? ¿Después cuando por alguna razón el tiempo lo reproduzca en un "demasiado tarde"?

En ese circuito será también el lector el que deje su mensaje. En un ensayo titulado "El segundo asombro", Arteca escribió: "Quien habla en el poema es el lector desplazado, desviado o bien ritualizado". Mediados por la grabación y su destiempo, la posibilidad de volver a escuchar, de repetir el acto enunciativo, constituye una idea de lector que accede a participar de la historia textual; no uno que se desprende, sino uno que se desvía. De tal manera no habría un "demasiado tarde" sino un ciclo controlado.

¿Es esta una teoría de la lectura? Podría serlo, así como también un camino para pensar qué claves se alojan en ciertos textos desde su composición que habilitan una segunda capa. Como un mensaje de advertencia, el poema desdobla sus signos e invita a un subsuelo donde la lógica lineal ya no condiciona la experiencia. La imagen allí es oracular.

Nadie atiende. Y ahí escuchamos la voz siempre amable del contestador. ¿Qué pacto con lo automático determina la raíz de un poema? Esa voz es autora del mito. Es la voz del sueño y la inconsciencia. Y allí comienza, nunca en el vacío, nuestro juego.

TINA TURNER EN VIETNAM

La poesía de Yusef Komunyakaa explora una mixtura que me ha parecido única desde que la descubrí hace unos años. Su historia, y la de su lengua poética, no es distinta que la de otros hijos de inmigrantes en los Estados Unidos. La absorción de elementos poco ortodoxos y la falta de prejuicios para romper aquello cristalizado por el *habitus*. De hecho, al cambiar su apellido de nacimiento, Brown, por el de su abuelo oriundo de Trinidad la vida de Yusef pasa a ser la vida de otras voces. Pero ¿quiénes son esos otros?

En el poema "Hanoi Hannah" ocurre algo particular (Trad. Juan José Vélez, Ed. Círculo de Poesía):

> ¡Ray Charles! Su voz / nos llama desde la alta hierba, / y nosotros nos agachamos tras los sacos de arena. / "Hola, hermanos negros. Holaaa, / Georgia también está en mi mente". / Las bengalas florecen sobre los árboles. / (...)

Estamos en Vietnam. De pronto es la voz de Ray Charles que se asoma en medio de la jungla. Y sigue:

> "Es sábado por la noche en los Estados Unidos. / Imaginaos qué estarán haciendo vuestras mujeres. / Creo que voy a dejar que os lo cuente / Tina Turner, solda-ditos nostálgicos." / Los obuses corcovean como una manada / de caballos detrás de la alambrada. / "Sabéis que sois hombres muertos, / ¿verdad? Estáis muertos

/ igual que King hoy en Memphis. / Muchachos, estáis
rodeados / por la división del General Tran Do." / Sus
palabras hieren / como las balas de un francotirador. /
"Hermanos negros ¿por quiénes estáis muriendo?"

El medio de la guerra, Ray Charles y Tina Turner.
¿O en medio de Ray Charles y Tina Turner, la guerra?
Porque no es lo mismo en absoluto. La vida que sue-
na en las canciones es la vida ordenada y segura de
un país cuyos fantasmas duermen siempre lejos. Los
"soldaditos nostálgicos" son los que deben afrontar la
muerte segura de lo pasado de moda. La resaca que no
tiene lugar en otra parte. Lo pienso en términos dis-
cursivos, aunque ello haya implicado otro tipo de deu-
das históricas. Esa pregunta con que corta la cita (el
poema sigue), es también posible hacerla cambiando
"muriendo" por "escribiendo". Komunyakaa lo supo y
al regresar de Saigón comenzó su proyecto literario.

Pero ¿es la voz de Tina Turner la que está hablan-
do en nombre del general Tran Do? ¿Quién es quién
en ese espacio infernal? ¿Será que ese mensaje de los
Vietcong (más allá de quién lo diga) busca poner a los
afroamericanos del lado de los asiáticos? Y en medio
de esos interrogantes la mente bombardeada de los
"soldaditos", la conciencia de que las voces ya no can-
tan canciones en la radio. Al menos no las voces de las
fosas, de los pantanos, de los niños en los campos bajo
el Napalm.

Bandini Quartet

Las novelas y relatos de la saga Bandini, del estadounidense John Fante (1909-1983), son un formidable ejemplo de la lengua como interferencia política. Pienso en el uso, en la intromisión del habla en los asuntos estructurales. Arturo Bandini es el extranjero que habla una lengua verdadera, sucia, delictiva; la alteridad del escritor fracasado, el polvo del mercado y del éxito. Un sujeto que se forma en los restos de un proyecto occidental, en cuyas fisuras puede aparecer lo más jugoso.

El gran mundo está en bancarrota, son los años treinta. Y el sueño americano es tanto mentira como verdad. Siempre posible para otros. El sacrificio se cobra con la libertad de renunciar a (casi) todo. Al trabajo explotador en primer lugar, al amor, a la familia, a la vida: "Vivimos en un mundo de comadrejas y antropoides", dice el genial Bandini que lee a Nietzsche. Eso sí, nunca se renuncia a la literatura.

Su cuento (del personaje) "The Little Dog Laughed" no tuvo la repercusión esperada (en *Pregúntale al polvo*, 1939). El título corresponde a un verso de una canción infantil tradicional en la que lo disparatado de ciertas acciones de animales buscan el regocijo de los niños. La idea de la risa en la edad inmadura, de lo divertido e ingenuo que puede derivar en una mirada poética, es parte también de la estructura psíquica de Bandini. La vaca, el gato y el perrito de la canción son antropoides y comadrejas en algún aspecto. Él, un niño que ríe mientras las cosas no suceden como deberían.

En una de sus renuncias (otra vez *Pregúntale al polvo*), queda casualmente el postre que acompañaba al almuerzo tirado en el suelo. Es una escena interesante: "Al cabo de tres días fui a averiguarlo. El melocotón seguía intacto junto a la calzada, cubierto por un centenar de hormigas" (sigo la edición de Anagrama). Al haber vuelto a la novela en esta última oportunidad, me vino en mente la escena del helado en *Better Call Saul*. Esa sensación de que el resto de las cosas sigue su curso, de que las historias de estos marginales (por elección) son menores. Jimmy McGill y Arturo Bandini, ambos en contra del sistema y a su vez buscando quebrarlo, darlo vuelta, vaciarle los bolsillos. Lo dulce de ese asunto que es vivir no pareciera ser para ellos. ¿Acaso puede serlo para alguien atravesado por la *escritura* de su propia ficción?

Game over, Frank

En la pequeña ciudad de Adelphia, Frank detiene su auto y entra a una cabina para llamar a alguien solo con la intención de oír su voz. Mientras se ponen al día y hablan un poco de literatura, un auto enloquece y choca contra una fila de carritos que salen despedidos contra la cabina en la que se encuentra el personaje. El panel interior (de plexiglás, aclara) estalla pero él continúa su llamada como si nada. "Es difícil de entender, la verdad", dirá luego.

Amo la escritura de Richard Ford. Uno de los elementos que más me impacta de sus novelas es la condensación del tiempo y la acción. Más allá de una técnica narrativa, implica una postura frente a lo real: la impresión de que los acontecimientos se expanden al interior de sí mismos, y la demora no es más que parte de las células del tiempo corporal. Estamos hechos de demoras, podría decirse. Dilaciones en que lo verdaderamente explosivo sucede. Aquello que deja huellas, cicatrices.

En la superficie la peripecia tira de su hilo efectista, pero hay cosas que en la obsesión lineal de cierta prosa quedan afuera. Ford cuenta uno o dos días en la vida de Frank Bascombe. ¿Cuánto puede cambiar una vida, nos preguntamos, en ese plazo? Y la respuesta es que no hay plazos sino momentos. Y en los momentos pueden jugarse todas las fichas a un pleno si se desea.

Creo que puedo pensar esto también en el poema (género que hasta ahora no ha abordado Ford). La suspensión del ritmo en una banalidad, una bifurcación que nunca regresa, una exploración sin justificaciones. La imagen que me surge es la de los videojuegos de mundo abierto, en los que uno podría quedarse en una posada del bosque durante horas sin cumplir ningún objetivo. ¿Por qué no? Tan simple esa pregunta y tan potente. Creo en la escritura como el territorio infinito de la posibilidad y del deseo. No hay leyes externas en medio de tal posición. Buscar que la pregunta "¿qué pasó finalmente con...?" sea una niebla fatal y defraudadora es una de las cosas por las que nadie debería tener que disculparse... y que al querido Frank le agradeceremos por siempre.

El delito pulp

He estado trabajando con revistas pulp y dime novels en los últimos tiempos. Un rasgo que particularmente me cautiva de las viejas revistas y melodramas baratos es que esa expresión literaria pone en cuestión la idea del relleno y la materia ficcional. En un documental acerca del cómic en tiempos de la Guerra Fría, un historietista ya anciano contaba que por el poco pago que recibían (años cuarenta y cincuenta) no podían dedicarle dos semanas a un trabajo; había que terminarlo en un fin de semana. Se escribía, y esto es clarísimo, sin mirar atrás. Alienígenas que amenazaban con destruir el planeta con la coloquialidad de un nativo de barrio, científicos y detectives atómicos exponiendo teorías para explicar todos esos aparatos más bien parecidos a un electrodoméstico en una lengua de ráfagas, directa en el mejor de los casos, o enredada sin intención. Se confiaba en la espontaneidad. En que la tinta corriera al ritmo de un negocio de ventas que iba viento en popa. Lo mismo el relleno de las páginas y páginas de melodrama. Había un solo parámetro de calidad: el entretenimiento.

No valoro estos objetos textuales desde el gusto espectador-consumidor, sino como intervenciones que han puesto en tensión las expectativas de lo literario. ¿Cuánto en la realidad de los discursos es relleno? ¿Cuánto en los discursos de la realidad busca disimularlo con muecas filosóficas? ¿Acaso todo lo decible debe ser esencialmente profundo? Los poetas tomaron por asalto la República y ya se alistan con rayos láser y cascos de invisibilidad para defenderla. ¿De qué, de quién? De la eficacia de los dispositivos de rendimiento que demandan al arte la contención de un estado de cosas. Nada puede sobrar: es la economía del relato, el ajuste de las voces a rajatabla. En el otro extremo, los procedimientos de la literatura pulp nos invitan a derrochar el decir, a demorar la sintaxis, a contradecir el remate que solo abona a la inteligencia estándar del contribuyente. Es ese el gran delito: que la resaca forme parte de un producto fuera de control.

Teléfono para Gregorio Samsa

Una de las canciones de Sumo que considero de extrema belleza es "Teléfonos / White Trash". Así comienza sobre una lenta armonía de guitarra acústica en acordes menores:

> Night is down in insect town / I'm sitting here glued to the glowing tube / Tedious, tedium, flowing slow / I'm crying for something I could really use / We're worker ants, or ants with wings / Saying "God I'm high" or "Christ, I'm late"

La ciudad de insectos que describe Luca Prodan es la ciudad de una tristeza común. La de los trabajadores atrapados en sus trajes, la del presentador de TV que se esfuma y la de un teléfono sonando en un cuarto vacío: "And telephones ringing in empty rooms". Es un giro en la cámara si recordamos el poema de Arteca. La mirada se aleja, deja que resuene el aire deshabitado. No hay una solución desde la voz autómata dando indicaciones para salir a salvo de ese laberinto: el de la soledad. Estamos fuera de línea. Somos los insectos lentos que no llegan a completar ninguna comunicación.

Gregorio Samsa no puede hablar. No puede responder la llamada. Su voz se mezcla con "un penoso y estridente silbido, que en el primer momento dejaba salir las palabras con claridad para, al prolongarse el sonido, destrozarlas de tal forma que no se sabía si se había oído bien". Es la interferencia del tedio: no hay nada que decir.

De cualquier modo, la literatura no va a llenar ese hueco. Solo sostendrá la llamada a la espera de que un silbido tras otro termine por conformar una nueva manera de conexión, o en todo caso, una seña para la resistencia.

ERES REALMENTE GRACIOSO

Algunos críticos señalan que en el cine *noir* los diálogos son esencialmente relleno. Que la imagen prevalece en una composición cuasi pictórica y las texturas apelan más a las atmósferas que a las líneas del guion. Más allá de la posibilidad de discutir esta concepción, considerando por ejemplo casos concretos de diversos films, encuentro algo que me interesa para analizar el tenor de esos discursos: el acto de sostener un uso del lenguaje sin más motivo que cubrir el lienzo del tiempo. Girando la lente, estaríamos también diciendo que una buena parte de los enunciados que pronunciamos y que escuchamos diariamente, en todos sus formatos, son puro ruido. Desde cierta teoría musical (Brian Eno, John Cage, etc.), toda sonoridad es música y su organización puede ser tan casual y automática que en esos extremos la categoría "ambiental" nos permite comprender una nueva frontera: el arte puede hacerse presencia imbricado en la textura de todo lo demás; no necesita el relieve de una atención especial, ni una decodificación completa. Hay una frase de Brian Eno, perteneciente a uno de sus ensayos, que dice: "La música ambiental puede ser tan ignorable como interesante".

Hablábamos de lo "banal": lo común, lo ordinario; lo comunitario en el feudo, lo relativo al *bando*. Entonces, si aquello que se comparte sin necesidad de nombrar por lo común del asunto es una parte de la lengua, el arte que lo absorbe realiza un gesto de inserción en lo común. Es una llave para intervenir ahí, en ese hacer automático en el que las palabras no son propiedad privada. Y en la poesía esto puede ser un gesto valioso. Dar lugar a lo que no es sobreactuado, a lo que pasa a un costado de lo *poético*. "Eres realmente gracioso" dice la chica a un detective moribundo, y ríen pesadamente, bajo la luna que cae en una calle de Chicago...

La invención de Aira

Toda hipótesis de César Aira sobre la composición resulta motivadora. Voy a tomar un solo concepto comentado en una vieja entrevista[1]: "la posición de gentleman del narrador", que le achaca tanto a Navokov como a la novela argentina contemporánea allá por 1989. En una reseña que escribí sobre una obra de Aira hace unos años, dije que se trata de un escritor que ve a la literatura como producto humano antes que como tekné de élites. En su novela *Fulgentius* (2020), los gentlemen son los "pedantes", los "autotitulados árbitros del gusto literario". La poesía argentina, por ejemplo, ha afrontado la misma disyuntiva al pensar sus herencias en este siglo XXI. ¿No es un gentleman el sujeto de los grandes temas, el poeta órfico de las sociedades literarias? Y los hay internacionales, divinos, tiktokeros...

Pero no perdamos la referencia de Aira: es el narrador la cuestión; es el sujeto poético, la ficción de enunciación. Y es el tráfico desde y hacia una zona de abyección (siguiendo a Butler) lo que puede evitar la pedantería. Según Aira, lo hizo Gombrowicz y lo hizo Lamborghini. El producto humano tiene rispideces, zonas desprolijas, contradicciones; es un ensayo

[1] "Aira enseña a correr la liebre de la felicidad", entrevista a César Aira por Guillermo Saavedra, Diario Sur, 16 de julio de 1989.

siempre, en cuanto contiene al arte a modo de trayecto y no de fin. La técnica pura es artificio de autor, o más bien de Autoridad en esa república de las letras con masas finas. No hablamos de personas, sino de instancias escriturales donde lo espiritual ha sido absorbido por una cultura de acumulación. Entiendo que Aira ve en ello una reticencia a la mezcla, a ceder terreno, a des-figurar al autor. El sujeto gentleman es la reescritura infinita del estado que lo llevó a poner su palabra en circulación. El margen (y allí las editoriales de los márgenes en su tarea titánica) es la única opción para el desplazamiento si se quiere correr el riesgo de la invención.

La casilla del guardabarrera

En 2001, en la Argentina estallaron varias cosas. Entre ellas una mirada de lo social desde la literatura. Por ese entonces yo terminaba la escuela y comenzaba la carrera universitaria. En esos años leíamos, fascinados en los viajes del tren Roca, a Juan Gelman combinado con todo lo atrasado por descubrir: Girondo, Pizarnik, Darío, Proust, Shklovski y Sarmiento. Un remix de una república de las letras que también necesitaba dejar caer algunas piezas. Pero claro, para eso antes había que subir un mínimo trecho.

Pocos eran los libros de la editorial Vox que llegaban a nuestras manos desde Bahía Blanca (hablo en plural, cómo no hacerlo al pensar en aquella época). Y de pronto, en una edición fotocopiada leíamos:

> La casilla del guardabarrera de Bahía Blanca Sur / tiene dos pisos: ladrillo abajo y arriba chapa y madera. / Abajo, sobre lo rojo, hierro: "Es prohibido / transitar por las vías". Los ingleses / construyeron sus frases desde los cimientos / con voluntad igual a la de sus arquitecturas: / funcionales y con vocación de eternidad, / pero aquí la localia impone sus límites / menos por la acción razonada de los ciudadanos / que por la inercia convulsa de los paisajes. (...)

Los cimientos tenían frases que desconocíamos. La casilla del guardabarrera podía ser tema en una poesía como la de Sergio Raimondi. Se trataba de *Poesía Civil*, un libro que cambió varias cabezas a lo largo de los primeros años dos mil.

No era objetivismo. Era meterse en problemas con la estructura, con las vigas del asunto. Y al mismo tiempo en que se lidiaba con eso (ocupando buenas porciones discursivas en entrar y salir), se podía sostener un ritmo. Que no es poca cosa.

No eran las postales pícaras de Girondo, ni la intensidad metafórica de Pizarnik. Lo que pasaba acá era que por la ventanilla del tren que iba desde La Plata a Constitución el poema también ocurría.

En poemas como "Poética y revolución industrial" el discurso analítico, *ensayístico* como me ha gustado llamarlo desde entonces, abarca el cuerpo de una lírica diferente. No llega a ser antilírica, no llega a ser un panfleto, no llega a ser del todo nada, y así nos deja con las posibilidades abiertas para seguir el trazo.

No sé si algunos de nosotros comenzamos a escribir por aquellas lecturas, pero sí que desde ese libro de Raimondi nunca hubo retorno. La métrica y el regulador de la máquina a vapor (no como expresión futurista sino como documentación poética) eran una conjunción posible de ser canción mientras ardían las calles y los presidentes duraban días.

(...) Persiste la letra en el hierro escrita: / "149 MARYLAND 04 F.C.S." o "Thomas Turton / & Sons- Shefield" o "ISCAFOUNDRYC ENGINEERS / - NEWPORT" o "F. C. S. L & CoLo P. C. 3/ 1923". / Rayo como riel: a un rayo sólo otro rayo lo elimina.

Creo que mucho se nos fue escapando de las manos por obvias razones, pero ahí están esas inscripciones todavía en las chapas de hierro, en los viajes a la memoria y en su revuelta cotidiana de buscar una voz que corra en los rieles por su propia cuenta.

Un día de pesca

Hay libros que nos conmocionan y libros que irradian una calma excepcional. Una vez encontré uno que reunía esas dos cualidades. Un libro de tapa negra, prolijo, de porte duro y algo extenso (171 páginas) para ser poesía. En una de sus estancias, más o menos por la mitad dice:

> La forma un día de pescar con mi hijo, / allí en el agua donde se unen el ojo / y el pez soluble de una mirada donde / no somos nada: solo la gran erudición / de lo inmóvil, // la atención con su caña / oculta. Y una nube sobre la laguna / que alza un carruaje torpe y disímil / en el vértigo horizontal. // El ímpetu de pescar / como despliegue de tanzas, cañas, / rotores, hilillos coloreados, / camuflarios, / señuelos, moscas, mosquitas, hélices de arce, / y las oscuras plomadas, // el grave olvido instantáneo como anzuelo.

Su autor es Arturo Carrera, y la obra *Noche y Día* (Losada, 2005). Por esos años no tenía hijos todavía y la experiencia de lectura resultó ser otra, muy diferente, más tarde. Ya no sé si estas ideas las escribo desde el primer lector o desde el segundo. Aunque posiblemente lo haga desde el que no conoceré, el que habita este ensayo en este momento.

El poema se demora en nombrar las herramientas, nos deja saborear la belleza de esas palabras: camuflarios, hélices de arce, todas miniaturas de una actividad que requiere la misma atención que la poesía. Ir con paso cuidadoso por la escena, deslizarse en ese vértigo horizontal como lo es la laguna: sin una caída precipitada sino constante. El libro avanza y los textos se suceden casi sin interrupciones en diversas secciones. No estamos seguros de dónde empieza y termina *un poema*. Es un cuerpo mismo con instancias de noche y día. Carpe diem es el leitmotiv que lo enlaza todo. Y esa reflexión sobre la mirada, los colores, la pintura, las probabilidades de atrapar algo a través del ojo.

La gran erudición de lo inmóvil es también un olvido instantáneo. Nada sobrevive al instante, y en el continuum de sus registros podemos descubrir un paréntesis para carpir el terreno sin más motivos que compartir el asombro.

> Más allá de lo que se sostiene con ganchitos / "reflejado" // Pero es en nosotros donde comienza / a desplegar su leve esterilla: // Espera, / que desde los ojos provenga / el primer indicio. / Imago, // onda que expande el deseo / de apresar y retener / ese mundo sumergido, callado.

El espaciado entre estrofas es amplio (unas cuatro líneas aproximadamente). Las cosas se sostienen con ganchitos, con lo sutil de la cotidianeidad. Ahí es donde Carrera encuentra lo trascendente. Pero no lo hace como mensaje, como discurso de revelación, sino como camino. Hay un acompañar de ese encuentro hacia el interior del texto. Porque no deja de tratarse de imágenes textualizadas. El ojo que nos conduce: imago de quien estuvo en esas palabras, máscara que recuerda lo que fuimos, leves ondas que dejan las piedras al rebotar en la laguna o en el poema.

ERROR AL CARGAR LA IMAGEN

El proceso de *databending* es constitutivo de buena parte de la poesía contemporánea. El término refiere a manipular un archivo, un circuito sonoro o un texto para deformarlo en un resultado aleatorio. Suele hablarse de tres técnicas: edición incorrecta, reinterpretación y error forzado. El libro de Jonatan Reyes (Puerto Rico, 1984) que lleva ese título, *Databending*, proyecta una posibilidad para pensar esas intervenciones en muchas escrituras actuales.

Reyes lleva este procedimiento no solo al aspecto visual, sino a las maneras de percibir eso que puja por volverse sustancia de la escritura. Algunos poetas se interesan hoy por destruir el sistema interno de la textualidad. No digo del lenguaje (eso ya se practicó bastante, desde el surrealismo a esta parte), sino de la masa conocida como *poema*. Un boicot interno que impide que todo termine bien en términos literarios tradicionales, como el cuadro de Banksy que se autodestruyó (a medias) en Sotheby's tras ser vendido, prescindiendo de su formalidad. Porque un libro no puede destruirse como papel + tinta, sino que son sus circuitos de sentido lo que se apela a desintegrar. Además, ese golpe de efecto en la poesía no cotizaría en ninguna parte.

En el poema "/00/02/" (sigo la edición de Barnacle, 2019) la máquina contrasta con el cuerpo. El *databen-*

ding no tritura el poema, solo lo desfigura. Disloca su retórica, sus pegatinas de colección prefabricadas:

> transcribir el primer eco / el primer polvo / escribir la liviandad para que se interrumpa / sintonizar tras virtual / modular el sonido / del último verano // condensar el ruido de la sangre / lo arrebol saga / la ataraxia súbita // fermentar la pirotecnia desatada / de fondo el musgo indomable tan animal / la primera droga que digitaliza el aire.

Algo se ve alterado. Algo que podría completarse no se completa, y avanza así, acoplándose a nuevos estratos sin conexiones obvias. Se rearma, canibalizando sugerencias, resonancias, usos. Todos los poros de las palabras se abren, como un conjunto de bits infectados por el caos, y consumen un zoom extremo. Pienso en *Trilce*, un libro del *databending* antes de la irrupción de las computadoras. Cuando esos corrimientos no constituyen gestos aislados sino todo un tejido nuevo, nos hallamos ante un diseño que obliga al ojo automático a reiniciar el sistema.

Lo mismo de siempre

Pat Hackett escribe, toma notas, mientras Andy Warhol le cuenta sobre su día al otro lado del teléfono. En la entrada del lunes 5 de enero de 1987 dice:

"(...) Después Paige y yo nos fuimos a la Robert Miller Gallery, y la exposición de mis fotografías era magnífica. Fantástica. El catálogo está bien, pero la introducción de Stephen Koch cae en lo mismo de siempre, Duchamp o Brassaï. ¡Brassaï! Si se lo hubieran encargado a una persona más joven habrían salido nombres distintos, más frescos". (Trad. José Aguirre e Isabel Núñez).

Brassaï fue un fotógrafo húngaro, adorado por los surrealistas, que consiguió plasmar escenas verdaderamente argumentales de París en los años veinte y treinta. ¿Por qué no le gustaba a Andy esa referencia para introducir su exposición? Posiblemente lo asociaba a un arte viejo, vulgarizado, que cae —incluso Duchamp— "en lo mismo de siempre".

Cuando ciertas referencias a lo supuestamente vanguardista se cristalizan y se replican pasan a ser estampas de colección sin intensidad ni evocación alguna. Es la salida fácil del crítico o del prologuista. Las fotografías de Andy iban hacia otro punto: la expresión, lo banal, la insatisfacción de lo completo, el glitch del industrialismo.

La sensibilidad de Warhol ha hecho que la dificultad de su obra se dirima siempre en términos de amor u odio. No bastan los conceptos analíticos para abordar su trabajo, pues lo pasional emerge de manera incontenible. Personalmente encuentro en su trabajo fotográfico una mirada única, efectiva para desarmar las expectativas de un mercado del arte al mismo tiempo que su autor no dejaba de pertenecer al él. Pertenecer y habitar, pertenecer y engullir; toda su potencia vital era obra.

¿Cómo sería una literatura warholiana? Me gusta hacerme esa pregunta, un tanto profana y extravagante para los puristas de las casillas académicas. Pero nada improductiva para quienes apuestan a construir miradas. Ya sea desde la captura de luces y sombras, desde la interpretación de personajes o desde la organización de palabras. ¿Se puede escribir esa percepción veloz, despreocupada y sensual tal como Warhol lo conseguía en sus imágenes? Es solo una pregunta. Una línea suelta para que la figura se trace libremente, fuera del control del pasado.

Quiero ser una máquina

Hal Foster, un crítico más que interesante, recuerda la frase de Warhol "Quiero ser una máquina" como una de las dinámicas principales del arte moderno en cuanto los modos industriales de producción penetran en las esferas del arte. Reviso esas notas al mismo tiempo que leo, casualmente o no, *Cómo prepararse para el colapso del sistema industrial de publicación* de Eric Schierloh (Barba de Abejas, 2023).

No veo una necesaria antinomia entre las ideas de Warhol y Schierloh, sino dos facetas de un proceso. Una de las ideas expuestas en *Cómo prepararse...* dice: "La edición artesanal es la publicación de los textos con los cuerpos". Entonces me pregunto ¿qué tan lejos del cuerpo quería llegar Warhol? ¿No era el cuerpo uno de sus motivos?

Poner al cuerpo como zona de conflicto, de contradicciones, era también una forma de poner *el cuerpo*. La intervención en el producto era indelegable en cualquier sistema mecánico de aquellos años setenta y ochenta. Las computadoras de la primera generación eran mucho más nobles y estéticas, y requerían un balance entre trabajo humano y automatismo que poco se parece a los ensayos de las IA a los que asistimos hoy en día.

El deseo de Warhol fue un coqueteo con la perfección (si se quiere, con el *perfeccionismo*), es decir, con la muerte. El colapso de un sistema que pierde espesor crítico para ganar rentabilidad (y que ya no la gana tampoco) nos pone a pensar en los límites de la obra y del texto, de la exposición y la imagen. Y es casi imposible en este siglo XXI evitar esas incomodidades.

WHAAM!

En estos días en que el debate por las IA trae a la mesa palabras como "plagio", "apropiación" y "creación", se volvió a mencionar el caso de Roy Lichtenstein. El artista estadounidense, ícono del arte pop, trabajó entre otros materiales con viñetas de cómics a las que intervino y presentó de una manera diferente. ¿Pero qué hay en esa diferencia? Y lo que hay ¿es suficiente?

Su obra en díptico "Whaam!" muestra a un avión de combate que dispara en el primer cuadro y una explosión de impacto en el segundo con la correspondiente onomatopeya. Es 1963, plena guerra en Vietnam. Los chicos compran historietas de guerra, los padres y madres compran las que transmite el noticiero. Hay una ficcionalización del horror; todo es parte del gran sueño como la lavadora automática o el asesinato de Kennedy. Lichtenstein le pone texto al estallido, resalta ese término bárbaro, externo a los diccionarios y al orden.

La escena de la que se apropia pertenece al cómic *All-American Men of War*. El avión es modificado, el texto del primer cuadro también se ve alterado y el desplazamiento hacia el segundo se torna conclusivo (el cómic original continúa la secuencia). "Whaam!" en amarillo, parte del fuego. Un sonido que quema y destruye.

También la literatura, más que se apropia (concepto mercantilista), diría que relee toda la cultura que condujo a ese aquí y ahora. El presente de la obra es su única propiedad. Tomamos una lengua cuya historia material nos antecede. Respondemos a los vientos de nuestro tiempo, hurgamos en lo que permanece a la espera: ese resto al que todavía le queda algún tipo de significado en su interior.

¿Será necesario explicar la diferencia en la obra de Lichtenstein? No solo apunta a lo distinto, a lo que objetivamente ha cambiado de un trabajo a otro, sino a lo que suma esa segunda construcción al pensamiento. Lo visual, y también lo sentimental o lo anecdótico, no tiene que hacernos olvidar que la experiencia de una obra consiste en acortar las distancias con su superficie. Hay algo que hacer ahí, algo para el espectador o lector. No es un análisis de laboratorio o una evaluación judicial este asunto del que hablamos. Y no hay verdadera lectura sin experiencia, así como no hay arte en las celdas que conservan un archivo de bits.

Mi dicha momentánea

Hay textos literarios que tienen mayor profundidad teórica que una buena cantidad de artículos académicos. Lo que ocurre es que, en general, cuando aparecen, requieren de un tiempo de atención y reposo mucho mayor del que estamos dispuestos a entregar en pos de algunos conceptos jugosos. Además resulta algo (una experiencia) muy personal puesto que no hay una explicación, o un desarrollo lineal. Más bien cabos sueltos por anudar en un clic de revelación, que puede (sin culpas ni garantías) ocurrir o no.

Particularmente uno de esos textos ha sido para mí "Hombres en un restaurante" de Jorge Aulicino (cito la edición de su poesía reunida, *Estación Finlandia*, Bajo La Luna, 2012):

> Habla del modo en que los sucesos políticos / van modelando su temperamento o al menos / las manifestaciones externas de su espíritu. / Dice que no se afeita ya de la misma manera. / Me resisto a creer que algo tan exterior / pueda modelar el espíritu / o siquiera sus manifestaciones externas. / He bajado una escalera que bajé otras veces, de joven. / Es la escalera de este restaurante, / que conduce a los baños del subsuelo. / No estoy seguro de haber sido feliz cuando bajé las otras veces. / Sin embargo, bajar de nuevo esa escalera me puso bien. / O quizá no deba decir "de nuevo". / Lo único seguro es que mi dicha momentánea / tuvo

que ver con bajar la escalera. / Le pregunto si eso tiene relación con la política. / Me responde que, en un sentido amplio, sí. / Me dice que, políticamente, soy un hombre inconveniente. / Alguien que se pone feliz al bajar una escalera, / por razones inexplicables pero con seguridad internas, / no es un tipo al que se le pueda confiar una ejecución. / "Esencialmente", dice, "sos un tipo político. / Yo no lo soy. Esas alteraciones en los ritos lo prueban." / Pienso en la lluvia en el campo y admiro a mi amigo / que puede escuchar el sonido de otro océano.

Nos encontramos ante un hecho trivial como bajar la escalera hacia los baños de un restaurante. Pero muy poco trivial en su asociación con *otro tiempo* y con la mirada política sobre los actos mínimos. Ser un hombre "inconveniente" habla también de la mirada del sujeto, de alguien dispuesto a hurgar en las pelusas de la historia.

Los ritos pertenecen tanto al campo de la estética como al de la política. Hay en este poema una capa en segundo plano que tiene que ver con lo sentimental (podría decirse *nostalgia*). Está todo el tiempo allí empujando, moviendo las superficies, ondulando las imágenes que trascienden (por mucho) la disposición objetivista. Es decir, los ritos están alterados en todas sus facetas. Son dos figuras, sí, dos hombres estándar en un restaurante estándar, pero solamente en el título. Porque el texto más que una presentación documental es puro movimiento de imprecisiones: la voz poética inicia llamativamente con una tercera persona que genera una especie de solapamiento entre ambos, hasta el verso octavo en que la cámara acompaña al yo por las escaleras. Y allí una "dicha momentánea", un momento de reconocimiento, un regreso.

El poema se publicó originalmente en 1994. La ejecución de una acción aparece en el texto como algo contradictorio con la política; arte de la palabra y las ideas. Claro que en su ideal. Y en la concepción de una escena sin poder de por medio, dos tipos comunes en un restaurante (vale la reiteración, pues el título resuena de forma permanente como los pasos en esa catábasis hacia la expurgación), la discusión podría procesarse como la tensión clásica entre la acción en la calle y la intervención desde la literatura. Quien termina definiendo esto es el que "habla" al inicio, o sea, el que es dicho. El que es parte de la historia, pero no su productor. En esencia, todo termina por ser discurso. ¿Entonces serán dos sujetos sin poder de por medio? ¿Hasta dónde la literatura es o no una intervención definitoria en los relatos políticos? La dicha momentánea es el surgir poético. Es la visión de una fisura en el tejido de lo dado. Allí sucede la interferencia, donde la estética constituye la diferencia fundamental que las sociedades no alcanzarían de otra forma.

Tránsito por las superficies

Una fotografía de Eva Fuka (Praga, 1927-2015) lleva por título "Surface Transit". La revista *Design Observer* dice que "condensa la excitación dislocada de Manhattan" (era la primera vez, en 1964, que Fuka y su pareja visitaban los EEUU). También señala la misma revista que la fotografía podría ser un montaje. Hay mucho y superpuesto: en blanco y negro, los edificios iluminados a escala sideral, sin espacio para un cielo; hacia abajo, un colectivo en movimiento con siluetas en sus ventanillas y afiches de whisky Ambassador. "Surface Transit" parece ser la compañía de transporte, según una inscripción en el techo del vehículo. Es verdad que tal nivel de condensación podría ser armado... o no.

Un enfoque similar he utilizado para hablar de uno de los poemas cruciales de John Ashbery, "Mixed Feelings", de su obra maestra *Self-Portrait in a Convex Mirror* (1975). Allí también aparece una fotografía en blanco y negro: cuatro chicas y un avión que casi no se ve, por lo que puede ser recorrida como pura superficie, donde la textura misma de esa opacidad es el poema. Una pequeña cafetería, el sol de California, el Pato Donald, la sala de un moderno aeropuerto (también Brian Eno pensó en ello) "inundando la superficie de nuestras mentes". Lo dicho es casi un balbuceo: nada se ve bien y todo podría ser también otra cosa. Mientras la metáfora es profundidad, concavidad, la superficie texturizada altera los parámetros de asociación entre el adentro y el afuera.

> Un agradable olor a salchichas fritas / ataca los sentidos, junto con una vieja, casi invisible / fotografía de lo que parecen ser chicas descansando alrededor / de un viejo bombardero, circa 1942, de época. / ¿Cómo explicarles a estas chicas, si es que eso es lo que son, / estas Ruths, Lindas, Pats y Sheilas, / sobre el vasto cambio que ha tenido lugar / en el tejido de nuestra sociedad, alterando la textura / de todas las cosas en ella? Y sin embargo / de alguna manera se ven como si supieran, excepto / que es tan difícil verlas, es difícil entender / exactamente qué tipo de expresiones tienen. / ¿Cuáles son sus hobbies, chicas? Oh, mierda, / alguna de ellas podría decir no soporto a este tipo (…) [Trad. propia].

El sujeto que no puede lidiar con las criaturas de su imaginación es también parte del montaje: un gran autorretrato deformado por la virtualidad del reflejo convexo. El sentido lineal pasa a un segundo plano, se retrasa, como si el espacio del poema respondiera a otras necesidades anteriores y en esa resbaladiza superficie pudiéramos transitar a través de otro tipo de reconocimiento. De este modo, leer implica vincular un mosaico, montando y desmontando instalaciones que no terminan de ser de forma autónoma unidades poéticas en su sentido tradicional.

La foto de Fuka hace lo mismo. Los aromas de la ciudad nocturna pueden sentirse, *imaginarse*. Podemos deslizarnos por su superficie. Los sonidos vivaces, el aliento a whisky de las siluetas, una saturación que expresa una vorágine indiscutiblemente real. La "excitación dislocada" funciona de la misma manera en el ojo del sujeto de Ashbery, la velocidad no solo está en la cámara de la fotografía callejera o casual, sino en las expectativas del lector moderno que desea consumir incluso aquello que parece perderse.

¿QUÉ DIRÍA LA IA DESPUÉS DE LOS CRÉDITOS?

Si tengo que pensar en una poética que sintetice el plus que las exploraciones de las últimas décadas han dado a la idea de "poesía", incluso —o justamente—, empujándola a la consideración de una "post-poesía", esa obra pertenece a Maurizio Medo.

La apreciación corre por mi cuenta, pero no es un elogio. Poner al *poema*, a lo que el siglo XX llamó *poema*, bajo las herramientas de un laboratorio en pos de alterar todo tipo de tratado ético-estético finisecular, es para algunos un acto delictivo. Para otros, donde me incluyo, una oportunidad. Pero dije antes, "plus". Y ahí sí, debo admitir, que ese exceso de algo-más, un reborde nuevo que le ha quedado al *poema*, es lo que me interesa traer al debate.

Tomo un texto, "Escena 9: Bullet Time", del libro *Dime Novel* (Luzzeta, 2016). Así comienza:

> En las circunstancias actuales la velocidad del tiempo / convierte al pasado en una variable del presente // Mientras, el coro de poetas indigentes becados en / Manhattan, recitó su eterno estribillo: la hiciste // Tal vez por ello vivamos obligados a utilizar regularmen-te / cierto efecto de luz estroboscópica generando un slow motion / (antes exclusivo en los videojuegos) y así explicarnos: // supongamos que estas palabras fue-

ron editadas a través / de este mecanismo o que aparecen en 36 segundos / de temps mort —la inercia es un recurso cada vez más / necesario pues la velocidad del relato— ¿lo dije?— / parece construirse desde la ambigüedad / de un mal entendido: // la distopía asoma después de los créditos / E incluso el poético makes nothing happen surge / derivado de las coyunturas

Pensar la misma escritura desde el poema nos pone a leer dos *cuestiones* a un mismo tiempo. Dos facetas que se encuentran en *el lento hacer* de un efecto necesario: el presente es la única zona de conflicto. El tiempo muerto es una digresión sobre ¿el tiempo muerto? Claro, pero también sobre lo que se dice sin filtro, lo que escapa para ser momento y ya no hay vuelta al vacío. Nada es borrado. El texto se genera con la información dada. ¿Cuánto ha anticipado Medo a esos prototipos de IA? Me refiero al procedimiento, no al resultado que afortunadamente encuentra en el poeta una productividad rica en humanidad (¿cuándo empezó eso a ser poca cosa?). El malentendido nos lleva al después de los créditos, a un espacio que requiere ampliar la página y la atención. Es allí el corrimiento dado hacia el término postpoesía.

El poema continúa:

ZOOM: // Estábamos con Ted, hubo un exceso de tensión / y la metáfora "el viento es el primero en saludar / al forastero" (para hablar de Suzanne) / fue un desatino, mal editado / al borde de la imagen, // ¿debí hacer caso a la advertencia de las cartas / como lo hacían los oscuros reyes y cantar / "yo soy el pasajero de todo lo que se construyó por ti"? // Sin embargo —esto no fue registrado— me volví / hacia ella inquisitivo: "¿Cómo puedes amar a / un hombre que cree en la verdad por lo que ve / transcurrir en una sola ventana?". Y cuando ella / sonrió indulgente, añadí: // "... y ni siquiera consciente de sí mismo" // Tampoco se registró el momento en el cual ella, / intrigada, titubeó la frase: "¿de qué cielo vienes?" / para que yo le responda: "de ninguno // Me extinguí como los dodos, pero aún vivo, / para llegar a Groenlandia" // Aunque no se explique, este fue el origen de la frase: // "¿de qué color son las primaveras en Alaska?" // Algo que ni ella ni yo conocimos.

Al borde de la imagen: ir por lo que está afuera del registro. Una conversación que se trae hacia el texto, que en la ampliación de un zoom puede recuperarse. Es decir, el discurso de la oralidad como un diamante en bruto. Las mejores expresiones del poema están en ese plano: "Me extinguí como los dodos, pero aún vivo, / para llegar a Groenlandia". ¿Puede ser un enunciado casual de una charla sin registro? Claro que sí. Pero la operación del poema es rescatar las voces de un momento que no tiene nada de anecdótico en sentido de chatura narrativa.

Un ser extinto está ya fuera de la cámara de National Geographic. Vive después de los créditos. Fuera del registro. Me veo obligado a googlear si los dodos visitaban Groenlandia, pero no, solo habitaban las islas del océano Índico y se habían convertido en aves terrestres. Como dice el sujeto de la conversación en uno de los versos: "¿Cómo puedes amar a / un hombre que cree en la verdad por lo que ve / transcurrir en una sola ventana?". Ahí está la clave: cuando la poesía cree en una sola ventana-pantalla se vuelve necesario ampliar el horizonte de posibilidades; si el concepto de *postpoesía* alcanza algunas zonas extras de materia para su proceso, entonces será la alternativa para quienes ya no quieren remarcar las palabras de ayer.

Yo

Uno de los temas de discusión en el ámbito de la poesía contemporánea es la cuestión del yo. Y posiblemente podríamos extender este debate a la literatura en general y a otras formas del arte, pues en tiempos en que la exposición de la intimidad se ha vuelto moneda de cambio puede confundir, y no pocas veces, a quienes construyen una voz ficcional. Cuando escucho o leo cuestionamientos generalizadores de la relación de la literatura actual (tomemos para este caso la poesía) y el uso del yo como una constante de consecuentes trivialidades, me vienen a la mente algunas excepciones (y claro que hay muchas, muchas más): pienso en las poéticas de Tamara Kamenszain, una maestra de todo lo que se escribe con criterio hoy en día, y de Legna Rodríguez Iglesias, una poeta que ha pateado el tablero con cada nueva publicación. Es un vínculo subjetivo el que une a estos dos proyectos pero que, en cuanto a los planteos sobre el yo, comparten posturas contundentes para demostrar que no todo es lo mismo.

De Kamenszain, *El libro de los divanes* es una de sus joyas. Editado en 2015 por Adriana Hidalgo, logra problematizar ciertos nudos de la escritura al mismo tiempo que revisita su historia (la emergencia de lo textual); y ese proceso de decir la historia con un posesivo es ya una primera marca en el terreno que dará lugar a la invención de un sí mismA. Cito un poema que me permitirá aclarar el panorama:

> Yo a esta altura de mi vida / me siento obligada a ser clara / aunque nada ni nadie me lo pida. / En un poema de 1986 me puse oscura / para decir algo que ahora / diría de otra manera. / Transcribo parte de ese poema con el único fin / de poder usar de nuevo sin avergonzarme / la palabra sujeta: / «Se interna sigilosa la sujeta / en su revés, y una ficción fabrica / cuando se sueña». / Para mí lo urgente a esa edad era / graduarme de mí misma retener / como diploma de adulta mi nombre propio / en una celda impersonal. / Para eso tuve que recurrir a la tercera persona / como si en verdad los sueños de la otra / los pudiera descifrar Tamara.

Los sueños de la otra son el camino en reversa para encontrar la primera palabra: Yo. Pero lejos está este planteo de volverse un yo anecdótico, que lidia con los discursos del funcionamiento social. Se trata de un yo historizante, ocupado en recuperar el derecho a la claridad. La sujeta comprende que la oscuridad por sí sola es una máscara que ya no tiene sentido llevar.

De Legna Rodríguez Iglesias tomaré un poema titulado "El hijo y el hada", perteneciente a *Mi pareja calva y yo vamos a tener un hijo*, libro publicado Ed. Liliputienses en 2019:

> La librería donde trabajo es venezolana. / Los dueños de la librería son venezolanos. / La sección de libros venezolanos está a la derecha. / Los clientes venezolanos compran libros venezolanos / De fotos venezolanas y comida venezolana / Y biografías venezolanas de

venezolanos insignes. // Casi todos los días me compro un libro y cuando llego a / casa leo en voz alta / A ver si mi acento sigue siendo el mismo / O ya cambió. // De donde vengo le decimos "plásticas" sobre todo a las artes. // En tiempo de lluvias caen goteras / Y debo poner el "plástico" para proteger los libros. // Los chinos han inventado cierto tipo de arroz "plástico y / de lechuga "plástica". / He visto los videos en YouTube. / Eso no es arte. // Si mi embrión crece, se desarrolla y nace / Soy capaz de eliminar todo el "plástico" del mundo.

El yo lee en voz alta para ver si su acento ha cambiado. Es alguien que lidia en su trabajo con la idea de *nacionalidad* y lo hace a través de los libros. Es decir, comercia la lengua que preserva una identidad. El yo es plástico. No depende de un ritual, aunque elige cuidar de ese hábito. Es interesante la ambigüedad que se genera desde el plástico: protege los libros pero a la vez contamina, entonces así como acompaña el cuidado de una tradición es capaz de abandonar parte de ella en el yo anterior. Lo interesante es que no hay un yo todopoderoso ni un show de enunciaciones del ego; no, diría que más bien todo lo contrario: el yo inicial ocupa un lugar sin alternativas, un no-lugar.

Luego, sobre el final, es el yo futuro el que se transforma en superheroína a partir de la aparición en escena de un hijo. No leo esa expresión como gesto de exageración ("Soy capaz de eliminar todo el "plástico" del mundo"), sino como una verdadera y seria transformación en pos de lo posible. Ese yo último es la sujeta, en cuanto es la reversión de lo que antes no podía ser dicho.

Sea cual sea el punto de quiebre, la maternidad o el doblez de una sesión de terapia, el yo conquista un lugar de poder y complejidad. Lejos del recurso simplista, estas exploraciones en la versatilidad del sujeto vienen a anunciarnos que la hora de pulverizarse los ojos ha llegado.

El hombre de la cámara

Es 1929 en alguna ciudad soviética. El humo, los tranvías, los obreros. ~~Uno de ellos tiene hambre y ganas de faltar al trabajo para leer una novela de ciencia ficción.~~ Portones, vigas, caballos. ~~Alguien deja una carta en un buzón para decir que se ha ido lejos.~~ Agua, sombras, muñecas. Barcos, músculos, risas. ~~A N. no le gustan las motos, la marean.~~ Botellas, piano, cámara.

Dziga Vértov tuvo sus argumentos para rodar *El hombre de la cámara*. El engaño de la ficción debía ser superado. Aunque a veces algunas piezas no encajaran del todo...

En el último libro de Francisco Layna Ranz, hay un texto (así es como conviene llamar a sus artefactos poéticos) que nos ayuda a pensar hacia el interior del proyecto de Vértov:

> Dionisii Arkadievich Kaufman en 1916 eligió llamarse Dziga Vértov, de una palabra ucraniana, dziga, peonza, y del ruso vertet, girar, dar vueltas. Dziga Vértov no sabía nada de homúnculos, pero sí de cine-ojo a tientas.
>
> La cámara observa a los espectadores y la música se transforma, inaugural. El frenesí sucede cuando ella se viste, incluso más abajo, aún más arriba. Hay que cambiar el ángulo, la dirección ¿Quién filma al hombre de la cámara?

Casi todo es un excurso. Por eso me pide que filme su Silencio dentro de una botella en un banco infinito.

(continué)

(continué)

(continué)

La cita pertenece a *Vuelta e ida* (Cartonera del escorpión azul, 2023). Esa pregunta esencial que hace el poeta abre el aspecto que me interesa: "¿Quién filma al hombre de la cámara?". Una perspectiva podría considerar que el hombre de la cámara se disemina en la comunidad y que es uno igual a todos. Pero si lo vemos así, ¿es la cámara un ojo igualador, uniformante? Yendo hacia los procedimientos en la escritura: ¿puede el yo formatear un mundo de tal manera que se genere una objetivación de lo común? Muchas veces el yo que cuenta llanamente un episodio íntimo y trivial es menos subjetivo de lo que parece. El sujeto de la cámara puede, por motivos diversos, enfocar en una sola dirección.

Otra perspectiva posible es que al hombre de la cámara no lo filme nadie. Que no aparezca, que se asuma como una entidad metafísica y trabaje, pensando ahora en la literatura, la escritura como un *médium*. De este modo el cine-ojo vendría a ser la representación de un mito (órfico, dionisíaco, cristiano). Y sus apariciones, una entronización del autor.

Al no haber mediación de la palabra, la pura imagen se vuelve totalitaria. El decir siempre es dispersión, "excurso" en cuanto participación de las historias de los otros. Vértov, como una peonza giratoria, resuelve ex machina el estar allí y ahora de los sujetos, ajusta sin explicaciones el presente a una repetición automatizada. En lo personal, creo que esta obra llegó a un extremo poco humano para escapar de otro que seguramente necesitaba un replanteo (pienso esencialmente en las ideas de Benjamin en relación a los movimientos de masas y los aparatos técnicos).

En una hermosa canción Luis Alberto Spinetta canta "¡Llévenme a ver un tren! ¡Yo quiero ver un tren!". Nada más ni nada menos que un tren. Pinta un futuro apocalíptico, post guerra nuclear, en el que *un tren* es algo valioso. O, mejor dicho, ver un tren lo es (como lo es para el niño, pues el sujeto de la canción parece transportarse a su pasado). La máquina por excelencia y el asombro que los futuristas ya habían expresado. El documental de Vértov muestra un tren, entre otros aparatos y personas. También muestra la máquina corporal de los atletas y la pequeñez de los peatones en medio del trajín sin fin.

Filmar el Silencio, escribe Layna Ranz. Esa materia que con mayúscula ocupa espacio (¿todo el espacio de la subjetividad posible?) y presiona. Entonces la imagen puede, en ocasiones, organizar las cosas, las vidas, sin rajaduras ni suciedades, sin anexos ni gritos ni distorsiones.

En una emblemática versión en vivo, Spinetta recita una estrofa que agrega a la canción. En su parte final dice: "¿Y qué era? Era un jarrón que no servía para nada / Estaba en el Louvre, desapareció el Louvre, desapareció todo / Explotaron las bombas, no quedó nada / Quizás hemos sobrevivido, una locomotora / ¡Es la fucking Gioconda, yeah!". La locomotora y la

Gioconda son dos imágenes pero en esencia son dos expresiones por completo diferentes. Puede desaparecer el Louvre, pueden desaparecer las locomotoras, pero alguien volverá a pintar los rostros de lo humano.

ÍNDICE

Últimos títulos publicados por *Casa Vacía*

www.ingramcontent.com/pod-product-compliance
Lightning Source LLC
Chambersburg PA
CBHW050311260626
47156CB00005B/1754